马克思研究丛书之六

马克思阶级斗争理论

（德）亨利希·库诺 著
朱应祺　朱应会 译

中央编译出版社
Central Compilation & Translation Press

图书在版编目 (CIP) 数据

马克思阶级斗争理论 /（德）亨利希 · 库诺著；朱应祺，朱应会译 . -- 北京：中央编译出版社，2022.5
（马克思研究丛书）
ISBN 978-7-5117-4037-3

I. ①马… II. ①亨… ②朱… ③朱… III. ①马克思主义理论—阶级斗争—研究 IV. ① A811.64

中国版本图书馆 CIP 数据核字（2021）第 217329 号

马克思阶级斗争理论

责任编辑 张 科
责任印制 刘 慧
出版发行 中央编译出版社
地　　址 北京市海淀区北四环西路 69 号（100080）
电　　话 （010）55627391（总编室）　（010）55627362（编辑室）
（010）55627320（发行部）　（010）55627377（新技术部）
经　　销 全国新华书店
印　　刷 北京文昌阁彩色印刷有限责任公司
开　　本 710 毫米 ×1000 毫米 1/16
字　　数 37 千字
印　　张 7.25
版　　次 2022 年 5 月第 1 版
印　　次 2022 年 5 月第 1 次印刷
定　　价 2888.00 元（全 9 册）

新浪微博： @ 中央编译出版社　**微　　信：** 中央编译出版社（ID：cctphome）
淘宝店铺： 中央编译出版社直销店（http://shop108367160.taobao.com）（010）55627331

本社常年法律顾问：北京市吴栾赵阎律师事务所律师　闫军　梁勤
凡有印装质量问题，本社负责调换，电话：（010）55626985

馬克斯研究叢書之六

馬克斯
階級鬥爭理論

柯諾原著　朱應祺會合譯

上海
泰東圖書局版

德國柯諾著

朱應祺、朱應會合譯

馬克斯的階級鬥爭理論

馬克斯研究叢書之六

上海泰東圖書局版

馬克斯的階級鬥爭理論總目錄

馬克斯的階級鬥爭理論細目

第一章　階級的本質

階級鬥爭理論是馬克斯社會學說上特有的見解——古代希臘人的階級觀——托馬斯・封・阿啓諾氏的階級觀——英國社會哲學上的階級觀——因財產的多寡而區別階級的見解——蔣・保羅・馬拉及法蘭索奧古斯德・米泥的階級觀——聖西門的階級觀——馬克斯的階級觀——馬克斯所分類的三種主要階級——中間階級及部分階級——過渡的階

級——「反雕林論」裏面所說不從事於直接生產勞動的階級——「資本論」裏面斷片的階級理論——各種職業和階級的關係——財產數額或收入等決不能區別階級

第二章 階級鬥爭的種類

支配階級與被支配階級的成立——古代希臘共和國內的階級鬥爭——中世紀的階級鬥爭——恩格斯在「反雕林論」上的說明——今日的階級鬥爭和從前的不同——馬克斯及恩格斯的見解——階級鬥爭就是政治鬥爭——鬥爭形態和階級支配形態相同有種種變化——階級鬥爭不必定要用暴力——階級鬥爭不僅是學說及假說實是一種事實

第三章　階級與身分

一般人都沒有區別階級與身分——馬克斯當初也沒有明瞭的區別階級與身分——階級是社會的關係身分是國家的秩序——解放第三身分的條件在於廢止一切身分解放勞動階級的條件在於廢止一切階級——拉薩爾(Lassalle)叫勞動階級爲「勞動者身分」或「第四身分」——勞動階級與無產階級(Proletariat)的區別——純粹的無產階級(Lumpen Proletariat)

第四章　勞動階級的發展階段

任何階級都必須經過種種發展階段——勞動階級發生當時的階級鬥爭是地域的是個別的——勞動階級的增加與團結的感情——勞動黨組織的必要——勞動階級是社會發展的產物——哲學之貧困裏面所說明的勞動階級的發展過程——對於「資本的階級」及對於勞動者本身的階級——支配階級認識階級對立比新興階級還要早些

第五章　勞動階級與社會民主黨

階級與黨——階級黨與黨員的範圍——階級的所屬與黨的所屬——階級利益與其他利益——階級的特殊性質與黨的特殊性質——選舉妥協——泉塔綱領批評的一節——

勒爾達與本斯泰因的論爭——階級鬥爭的放棄
第六章　階級利益與階級的觀念形態(Ideologie)
馬克斯在「經濟學批評」序文上所發表的理論——觀念形態的階級性是怎樣發生的呢？——他的證明——道德倫理上的階級性——法律及司法上的階級性
第七章　馬克斯階級鬥爭理論的批評
在社會哲學的文獻中馬克斯的階級鬥爭理論當然會碰着許多攻擊——但那些攻擊多半是自相矛盾的理論——馬沙里克(Masaryk)教授的攻擊——對於馬沙里克的駁論——

馬沙里克教授的謬論——階級鬥爭決不是社會生活的唯一要素——階級鬥爭是社會發展上最重要的要素——一般的社會利益與階級的利害關係——杜干·巴剌諾威斯基(Tugan-Baranowsky)的見解——對於巴剌諾威斯基的駁論——阿德拉(Max Adler)的見解——對於阿德拉的駁論

馬克斯的階級鬥爭理論

第一章　階級的本質

階級鬥爭理論是馬克斯社會學說上特有的見解——古代希臘人的階級觀——托馬斯·封·阿啓諾氏的階級觀——英國社會哲學上的階級觀——因財產的多寡而區別階級的見解——蔣·保羅·馬拉及法蘭索·奧古斯德·米泥的階級觀——聖西門的階級觀——馬克斯的階級觀——馬克斯所

分類的三種主要階級——中間階級及部分階級——過渡的階級——「反雕林論」裏面所說不從事於直接生產勞動的階級——「資本論」裏面斷片的階級理論——各種職業和階級的關係——財產數額或收入等決不能區別階級

「國家」及「民族」，在自由主義的社會學說上，是極關重要的。而階級鬥爭理論，實是馬克斯社會學說上特有的見解。話雖如此，但馬克斯決不是最初發見階級的存在，及階級相互間鬥爭的人。古代希臘的學者們，業經認定：自梭倫(Solon)時代以來，希臘共和國國內鬥爭中，就有各「身分」間的鬥爭。怎樣規定各「身分」間權力關係的問題，換句話說：國家政治的某部門，應該使那一種身分的階級參與，才可以避免內部黨派的軋轢這個問題，是構成希臘國家哲學及道德哲學的主要要素。但是古代哲學者們，並無一人說及：「階級是以經濟發展爲前提，而且是由這種發展，必然發生的一定歷史形成物；尤其是各階級有他的階級利益，才能够構成那時候的社會。」例如，亞理斯多德把他那時代的市民階級，或奴隸制度，都看做是自然的原因，或歸結於種種不同的個人性質。他仿彿不把階級看做是因經濟發展而發生的社會分化，反把他看做是一種自然的秩序。

中世紀以托馬斯學派爲基礎的斯古拉哲學，也以爲階級不是由個人種種不同的先天能力及才能發生，乃是由欲望及滿足欲望的分業所發生的一種自然秩序。據托馬斯．封．阿啓諾的見解：由分業才發生工作的分離，同時，又發生階級（Rangschichtung）。所以階級不是直接由自然秩序發生的，乃是直接由國民法的秩序所發生的。但是，當分業的時候，個人的嗜好，本質上是和他的職業一致；他方，「萬民法」（Jus Gentium），是公認的國民習慣的法律。他的意思是說：「萬民法」不外是自然法的擴張，（因此，阿啓諾叫「萬民法」爲自然法的第二間接部分。）所以位置及身分的秩序，也不外是由人類本性所發生的自然秩序。總之，托馬斯這種見解，可說是對於古代的學說更進一步。因爲階級及身分的意味，到了這時候，已不是個人差別的單純結果，乃是社會生產，即經濟方法的歷史分化的結果。

關於古代各國民的制度組織的知識，漸次增加以後，第十八世紀英國社會哲學上，發生一種新見解，說：「身分及階級，決不會由分業自然發生的，這種階級，在社會發展過程中，是由各國民的領袖及偉人爭權奪利而發生的。原始共同體，本來沒有什麼所有的區別，也沒有什麼特權的身分的區別；到了財富增加以後，會長，家長，及強有力者，（或狡詐之徒，）就知道把社會大部分的財富，據爲己有；更知道利用這既得的優越地位，以獲得各種特權。還有一層，無論在何時代，凡因反抗他國民的掠奪，征服，及壓迫等的戰爭，都對於成立特權階級，或支配階級，常與以極好的機會。所以階級的成立，不外是公開或祕密的篡奪罷了。」

照這種見解觀察，「階級」的意思，就是所有階級及財產階級的意思。而區別階級的標準，就是以所有的種類及大小爲前提。例如，大小地主階級之別，領主（Baron）及紳士階級之別，大小商人階級之別，耕戶及小手工業階級之別等，都是的。所以若論到眞正階級的區別，就只有財產及所有大小的概念，而無營業及職業種類的概念了。

法國大革命的經驗，更惹起嚴格的階級區別。尤其蔣・保羅・馬拉(Jean Paul Marat)，是最初發見這種區別的人。他以爲：革命是一種大規模的階級鬥爭，把互相鬥爭的階級羣衆，分類如次：卽貴族，高僧，大資本家，「有產知識階級」，(包括上級裁判官吏，辯護士，議員，全權委員等。)中等商人，及小商人，自耕農及人民(Feuple)等；所謂「人民」，又包括小生產者，勞動者，日工，下等工人，及無產知識階級全部，卽今日普通叫做「無產階級」的便是。歷史家法蘭索・奧古斯德・米泥的見解，單就某部分說來，比這又更進一步。他把貴族分爲三階級：即，宮廷貴族，官僚貴族，及鄉下貴族。他和馬拉不同，不把「有產知識階級」做爲特別階級，把有產知識階級裏面的某部分，分配於較高的中等階級，把其他部分，分配於較低的中等階級（Bourgeoisie）。米泥的這種見解，若把他仔細的考察一下，誰也能夠明白：他是以兩國會及國民議會(National=konvent)的政治結黨的關係而決定的。

聖西門(Claude Henri, Comte de St. Simon)的階級觀念，不能說比馬拉及米泥的進步。據馬拉的見解：資本家和勞動者的利益是相反的。因爲資本家只是爲提高利潤而減少工資。所以馬拉把勞動階級做爲一種特別階級，和企業家（他把那是Entrepreneurs而不是Ouvriers的大手工業者，都算做企業家，而編入於企業家階級）階級對立；他方，聖西門在他的著書「產業家階級」（"Klassen der Industriellen"）裏面，把企業家及勞動者，商人，手工業者及小農，總括一堆，以爲他們經濟上的利益，本質上有連帶關係。聖西門的學徒——聖·阿馬·巴紮(Saint-Amand Bazard)不在此例，——都固執這種見解。歷史家奥古斯丁·徹里，也是這樣。他描寫法國有產階級的發展及有產階級的利益，和貴族僧侶的利益的對立，很是確切；但是，他一八五三年（他死的前三年）出版的「第三階級的成立及發達史」裏面，還沒有發見存在「第三階級」內的階級區別，尤其是勞動階級和產業階級的對立。

馬克斯和上述諸人不同，完全是另一種見解，即是以經濟過程爲出發點。馬克斯的階級理論，和黑智爾(Hegel)的觀察：「社會生活，是欲望及滿足欲望必要的勞動活動的體系，」有密切關係。由社會的勞動活動，必然的發生一定的社會相互關係，尤其是互相依賴的關係（生產關係）。在社會的綜合體(Gesamtgetrieb)裏面一切個人及團體，互相立於這種同樣的關係，而從屬於同一經濟活動時，就可以說是構成一種階級。

據上述馬克斯的見解：決定階級成立的要素，不是財產的大小，不是收入的多寡，又不是職業的種類，乃是經濟活動的種類，及社會經濟組織裏面社會構成份子的地位。因此，馬克斯把今日「市民的」社會，即資本主義的社會，分做三種主要階級：（一），地主，即土地所有者及地租徵收者；（二），資本家及投資者，或金融業者，即使用他人的勞力，而獲得資本利潤的人；（三）取得工貧而賣勞力的勞動者。這些階級，在社會生產過程中，依其組成份子的特別地位不同，再細分爲種種「部分階級」。所以地主中，有單只靠着地租生活的地主，有自己經營農業的大農或小農。同樣，資本家中，有金融家，也有銀行家，有大企業家或大商人，又有船主或小賣商人等等。

此外，又有站在仲介地位的「中間階級」。結局，同一個人，可以屬於種種階級。例如，金融家同時能够是封建的騎士財產所有者（Rittergnts besitzer），鄉下的手工業者或旅館的主人，同時能够是大農。因此，馬克斯及恩格斯在他們的政治著作上面，不唯論及上述三種主要階級，並且說到種種「部分階級」或「副次階級」。例如，恩格斯在他著的「意德志農民戰爭」序言（第三段二二頁以下）

裏面，分農民階級爲兩部分階級，卽有產階級的大農及自營農業的小農。同樣，他又把都市工業勞動階級，和鄉間農業日傭勞動階級區別。恩格斯又於一八五一年九月「紐約報」上，發表關於一八四八年革命前夜的德國一論文，（參照『革命與反革命』第三版第一〇頁以下）詳細的區別這種階級。他在該論文內，敍述大農，中農及自由小農，論及封建的耕戶及農業勞動者等種種階級，並且於各階級中附以各種特徵如次：

『最後，他們的附屬物「農業勞動者」之外，還有占全國民大部分的小農業者，卽農民的大階級。但是，這階級又細分爲種種部分：第一，是比較富裕的農民，卽所謂大農及中農，他們都有廣狹不等的相當所有地，而且都能夠雇用多數勞動者，從事生產。這種階級，立於不納貢賦的大封建的地主及小農與農業勞動者之間，所以他們和反封建的都市資產者結合同盟，是毫不足怪的。第二，是在萊因（Rhein）地方占勢力的自由小農民，（萊因地方的封建主義，因法國革命，大受打擊）其他各州，雖然也有同樣的獨立小農，但是，那些地方的小農，能夠以金錢支付，來解除他們土地上封建的負担。然而這些農民的所有權，不過是名義上的自由。因爲土地大概都是抵押與他人，所以實際上的所有者，反是高利金融業者了。第三就是封建的耕戶，這些人雖然不容易被地主追放，然而也必須永久支付地租，或對於地主貢獻一定的勞動。最後，是農業勞動者，他們對於許多大土地的關係，和英國農業勞動者階級的地位，完全相同。他們的一生，就是窮苦過日，惡衣粗食，爲主人的奴隸以至於死亡。小自由農民，封建的耕戶，及農業勞動者等，三種農民階級，對於革命運動不大努力。但是，革命對於他們開了一條充滿希望的新道路，是不容否認的事實。」

馬克斯又於『Achtzehnten Brumaire』（法國第十八次第一共和政歷的第二月，即陽歷十月二十二日至十一月二十日）（第四版第四〇頁）裏面，一方，把小市民階級做爲特別階級，即「過渡的階級」，和資本階級區別。他方，（第五〇頁）又把全市民階級，包括於「資本階級」(Bourgeoisie)的概念裏面。同樣，他於他的論文「法國的階級鬥爭一八四八——五〇年」裏面，反覆論述大資本階級及小資本階級。他把前者，即大資本階級，更分爲兩個部分階級：即金融資本階級及產業資本階級。反之，一八七一年，他在國際勞動者同盟總委員會上，演說關於法國內亂的時候，跟着英國式的用法，叫小資本階級爲「中產階級」，把小商業者，手工業者，及小商人等，包括於這裏面。

此外，恩格斯在「反雕林論」（第六版第三〇三頁）裏面，區別「不從事於直接生產勞動的階級，即處理社會共同事項，如勞動的指揮，國家的事務，司法，科學，藝術等的階級。」

可惜馬克斯及恩格斯都沒有特別的論文，說明：階級的本質是什麼？階級區別是如何發生的？及階級區別，因經濟的發展，如何的變化？如何的分化？等等問題。我們試讀「資本論」第三卷第二部第五十二章，就可以知道：馬克斯是想詳細的說明今日階級的成立，及階級的構成。他雖然有這種計劃，但是可惜只寫了一頁，還沒有完成，他的草稿就此中斷了。他在這章的起首，也和在別地方同樣，區分階級爲三個重要部分。他說：

「單純勞動力的所有者，資本的所有者，及土地的所有者，——他們的所得源泉，是工資，利潤，及地租，——換句話說：卽工資勞動者，資本家，及地主，是淵源於近代資本生產方法的社會三大階級。」

馬克斯接着說明三大階級之間，還有一種「中間階級」及「過渡的階級。」於是他又發問道：「構成階級的是什麼呢？」但是，他也沒有囘答這問題（參照「資本論」第三卷第五十二章，——譯者。）我們儘可從他的別種短論文內，看出他不把「職業」看做是

「階級」。醫生，辯護士，藝術家等的職業，在他們的本身，決非構成什麼特別階級。由社會分業所發生的營業範疇，及所有範疇，也是同樣。所以鑛山，葡萄山，森林的所有者，又或泥水匠，木匠，紡績工，煙草工等，也不能叫做階級。甚麼緣故呢？馬克斯「資本論」的草稿，到此就沒有了。所以馬克斯並沒有解說這問題。但是我們由上述馬克斯的階級概念，可以知道：「職業」及形式上所有的區別，不能叫做階級。這些勞動羣衆及所有的形式，在經濟過程的內部，對於他們本身，並非立於不同的互相關係上面，占着種種不同的地位。煙草勞動者，和紡織勞動者相同，在同樣的經濟條件之下，取得工資，而賣却他們的勞動力。又以同樣的方法，（雖程度不必相同），支付剩餘勞動。他們對於企業家團體，——這是由他們生產活動發生的，——及土地所有者的階級地位，不問他們是製造烟草，抑是紡織絲棉，還是織造織物，都是同樣的。而且不問他們是對於商業資本主義，及貨幣資本主義，還是對於產業資本主義，他們的地位都是相同的。所以他們又有共同利益及共同對立了。

產業資本家，把他所有的資本用於採鑛或採炭，或用於煉瓦製造所或烟草製造所，都可以適用以上的原則。反之，產業家，販賣產業家商品的商業家，及經營金錢事務及交易所事務的銀行家等，雖同爲資本家，但在資本生產組織的內部，各有相異的經濟機能及互相關係，並且各立於相異的地位。因此，資本階級內部，也有產業家金融家等「部分階級」的區別了。產業家購買他人的勞力，又利用勞力而製造商品，企業家把勞動者所生產的剩餘價值收爲己有，這就是企業家利潤。反之，金融家對於債票，支票，期票，公司股票，抵押品，及當票，及典當（委托典當業），借出金錢，——這時候的金錢，是自己的或是他人的，到是另一問題，——而以種種形式，（如負債利息，抵當利息，折息，利子返還等）取得利息。企業家及金融家，兩者都是資本家，而且獲得在社會生產過程中所作出的剩餘價值。但是，他們在這過程中的經濟機能，種類很多。而且表示在資本主義經濟內部，有種種不同的經濟活動的範圍。這些範圍之間，又有一定的利益差別及利益對立。

財產額或所得額，不能決定階級區別，正和職業的差異，不能決定階級區別的一樣。屢屢聽見有人說：「某農民或某手工業者的收入及生活關係，不一定多於工業勞動者，所以他們也是屬於勞動階級。」有的又說：「小商人的小賣商品全部，都不是小商人的東西；他無論怎樣的努力，他的負債，也只有增加，所以他仍舊是一個勞動者。」這種話語，和馬克斯的階級理論，絲毫沒有關係。這種把階級當做是財產及所得的多寡的見解，比較從前還要幼稚得多。自耕自種的農民的所得，雖然少於工資高貴的勞動者，但他決不是工資勞動者，換句話說：他和資本家決沒有勞資關係，而且不會替資本家生產剩餘價值，創造資本利潤。零落的貴族或官吏的所得，雖說少於勞動者的工資，但他仍舊是貴族，而不是工資勞動者，正和上述自耕農仍舊是自耕農而不是工資勞動者的一樣。

第二章　階級鬥爭的種類

支配階級與被支配階級的成立——古代希臘共和國內的階級鬥爭——中世紀的階級鬥爭——恩格斯在「反雕林論」上的說明——今日的階級鬥爭和從前的不同——馬克斯及恩格斯的見解——階級鬥爭就是政治鬥爭——鬥爭形態和階級支配形態相同有種種變化——階級鬬爭不必定要用暴力——階級鬬爭不僅是學說及假說實是一種事實

據以上所說：階級是經濟發展過程的產物，又是根據那時代的經濟組織基礎所發生的利益共同狀態。恩格斯在他的「反雕林論」

（第六版第三〇三頁）裏面說：「階級的成立，是以造成社會勞動一定範疇的分業爲基礎。」到了後來，階級區別，是由權力及掠奪，奸智及詐欺等所發生，而且漸次變爲分明。但上述的事實，決不和後來的事實衝突的。這種階級區別是如何起的，我們雖然不明白，但恩格斯於他的小論文「家族的起源」裏面說：「階級的分別，在國家未成立以前，已有這種現象。」例如，北美印度人部族之，發見古代民族組織的時候，他們並沒有階級的區別。但是，那物物交換的增加，奴隸制度的輸入，及土地變爲私有之後，就成立大土地所有者階級，小土地所有者階級，及取得報酬而爲他人勞動的階級。農業發達以後，就有原始手工業的成立。又隨着歷史的進展，而發生支配階級及被支配階級了。

古代希臘共和國，和古代羅馬相同，社會組織，已分裂爲背族，（有全特權的市民）平民，保護市民，莊民及奴隸等種種階級。因此，「階級鬥爭」，繼續不斷。階級鬥爭的形態，大概是債權者和債務者間的鬥爭，或是爲獲得土地財產（爲獲得羅馬的土地全部）的鬥爭。

到了中世紀，又發生封建諸侯，臣下，農民，同行（組合）的行頭，及職工，奴隸等的區別。又有都市市民階級，漸次發生今日的有產階級。由都市小手工業及職工組合，發生今日的勞動階級。同時，資產階級與勞動階級間的階級鬥爭，就代了封建諸侯與都市市民階級間階級鬥爭的位置。恩格斯的「反雕林論」裏面，（第六版第一六九頁）描寫這種發展狀況，很是詳細，現在把他引用一下：

「文明各國的市民階級，本是由各種莊民及奴隸等發生的被壓迫階級。他們對於支配他們的封建貴族，負擔納稅的義務；但是，因爲他們不斷的和貴族鬥爭，所以逐漸代了貴族的位，而獲得支配權。卽法國市民直接打倒貴族，英國的貴族，也漸次變爲市民，後來竟和市民合併，做了市民階級的裝飾品。

然則，市民階級爲什麼能夠打倒封建貴族呢？這就是改革了他們的「經濟地位」。他們或由自由意志的發動，或依鬥爭的進行，遂獲得政治上的地位。又由這種地位而完成改革。有產階級對於封建貴族的戰爭，就是都市對於田園的戰爭，工業對於土地所有的戰爭，又是貨幣經濟對於自然經濟的戰爭。在這戰爭中，有產階級所用的最有決定力的武器，最初是手工業，以後是製造工業的發展，及依商業手段而增高的經濟實力在這全體鬥爭過程中，政治的權力，悉在貴族掌握；只有一個例外，即是一階級（市民階級——譯者註）利用王權來制伏他階級（貴族——譯者註）的時代。但是，市民階級在政治上本沒有什麼勢力，如果他們的經濟實力，漸次擴充，將要打倒貴族階級，那王權又必再和貴族合併，結果，就有英法兩國所謂「有產階級革命」的勃發。法國的「經濟狀態」，雖然發達，但「政治狀態」仍舊是沒有改革。貴族階級在政治上有萬能之勢，而市民階級就等於零了。但是，就社會的地位說來，市民當然是國家的最重要階級，貴族却失掉了他們一切社會的機能。然而他仍舊能够得到他們所失掉的機能的報酬。不但如是，在全生產過程中，市民階級的生產，——無論其爲製造工業或爲手工業，——因濫用生產及束縛生產特權的工會，或地方的或各國的關稅限制，而墮落到中世紀封建政治狀態。有產階級革命，把這種狀態打破了。但是，這並非如雕林君所主張：使經濟狀態適應政治狀態（這是貴族王侯們長年的計劃）而來的結果，實是政治狀態裏面的新「經濟狀態」，把腐滯的政治淘汰，而造成新政治狀態的結果。那新「經濟狀態」把新「政治狀態」造成之後，就在這種政治的法律的雰圍氣中發展進步了。因此，有產階級的地位，到了一七八九年，已和貴族的地位相差不遠。從此以後，有產階級不唯又變了社會上不必要的束西，簡直變了社會發展的障碍物。有產階級一天一天的和生產活動分離，結果，遂又成了和有產階級時代的貴族同樣，只把金錢收入懷中的階級了。而且有產階級不利用所謂「權力」這種狡滑手段，僅用純經濟的方法，而完成自己地位的變革及新與無產階級的生產。

不但如是，有產階級之所以能够完成上述事業，並非因爲要遂行自己的行爲行動，及想由行動得到何種結果，是因爲迫於不可抗的權力，和自己意志及目的完全相反而成功的。有產階級本身的生產力，是由他們的指揮統制所發生，而且是破壞全有產階級社會，誘致革命的東西。」

據上述而推論，今日資產階級與勞動階級間的階級鬥爭，已有很多的先驅者了。今日的階級鬥爭，實在不過是階級鬥爭史中的一個新生面。因此，馬克斯在「共產黨宣言」中說：「從前一切社會（詳言之，即一切有國家組織的社會）的歷史，是階級鬥爭的歷史」。據馬克斯的解釋：勞動階級這次的鬥爭，和以前的不同，並非設立一種特別階級及變更階級的組織，他們的目的，是在廢止階級，消滅階級對立，就這一點說來，這種傾向豈不是一種「新生面」(ein Novum)嗎？

實際的說來，據馬克斯及恩格斯的見解：今日資產階級與勞動階級間的階級鬥爭，目的就是在廢除階級及消滅階級的對立，不用說，要達到階級廢除的目的，恐不是今明兩天能夠做得到的。馬克斯在他的「哲學之貧困」裏面（一八八五年德國版第一八一頁）曾說過：「被壓迫階級的解放，要到了既存的生產力，與該社會組織不能兩立的階段，才能夠做得到」。他說：

「一切生產要具中，最大的生產力，就是勞動階級；有革命要素的階級，他的組織，常以在舊社會中已經發展的既存生產力爲前提」。

又恩格斯的「反雕林論」裏面（第三〇三頁——三〇四頁）說道：

「假使階級分裂，有某種一定歷史的特權時，那麼他就只能夠在該時代及該社會條件之下，有這種特權。階級分裂，起源於生產不足，那近代生產力的完全發展，可以把階級分裂消除。社會上階級的廢止，是以一種歷史的發展階段爲前提條件。在這種發展階段上，不唯沒有一定的支配階級，那一般的支配階級及階級區別本身，簡直都要消滅的。階級區別的消滅，又必須以大量的生產發展爲前提條件。在這種大量的生產發展的社會，假使一種特別的社會階級，壟斷一切生產手段，生產物，政治的支配，教育及精神的指導等，那就不唯對於這社會毫無益處，並且在經濟上政治上及知識上，都是這社會發展的障礙了」。

有些文明國家，現在已達到恩格斯所意想的高度發展階級，所以他們要消滅階級支配，當然是可能的。

這種見解，是否正當，今日資本主義社會的生產力，是否已經發展到了不能發展的地步？在這個地方，沒有研究的必要。因爲研究馬克斯的階級鬥爭理論時，這些問題，是屬于第二義的。反之，對于這理論的種種誤解，到不可不指摘理論的眞相出來。本來，階級鬥爭理論，是根據一種歷史的確證，即根據「由經濟全過程的一定發展階段，而發生種種社會階級」的事實，演繹而來的學說，其中所謂社會階級，是在經濟過程中，取得特別利益，而且利用這利益於政治生活的階級。因爲馬克斯曾在「哲學的貧困」裏面說過：階級鬥爭，是在政治舞台上面的戰爭；所以階級鬥爭，就是政治鬥爭（註）。至于階級利益如何能够實現？是否應該依議會的行動，報紙，集會，遊街，或暴動，罷工等實現？等問題，在政治上，也許非常重要，但在馬克斯的階級鬥爭理論上，就無關緊要了。

（註）馬克斯一八七一年十一月二十三日給波爾忒的信（見

「馬克斯恩格斯書翰集」（第四三頁）裏面，詳述這種思想，他說：

「試就政治運動述之，勞動階級的政治運動，以獲得政權爲最後目的。爲達到這個目的，就非有相當發達的勞動階級的組織不可。（這組織，是由他們的經濟鬥爭發生的）

他方，勞動階級是與支配階級對立的階級。那依外部的壓迫，而強制支配階級的各種運動，就是政治運動。例如在各工廠，以罷工手段，強制資本家限制勞動時間的運動，是純經濟的運動。反之，強行八時間勞動制的法律的運動，就是政治運動了。勞動者的種種經濟運動，就是這樣的產生政治運動。那運動是想在一般的形態上，（有一般社會強制力的形態，）實現階級利益的階級運動。如果這種政治運動能夠設立一種預示的組織，那末，這政治運動，就是爲發展這種組織的手段了。」

以社會的勞動爲基礎而成立的階級，當然跟著社會的勞動的變化而變化。這種變革，不但是變動各階級，使他們的地位互相移動，並且惹起鬥爭的社會條件，也可使重行更新。換句話說：階級鬥爭跟着經濟發展及由經濟發展所發生的各種生產關係，而變更爲種種形態，而且不單只經濟關係影響于鬥爭形態，卽政治狀態，也同樣的影響于鬥爭形態。因爲鬥爭是在政治舞台上開幕的。十六七世紀的職工，不能夠和大工業初期未訓練的工業勞動階級相同，向組合的工頭實行鬥爭；又工業勞動階級，不能夠和今日大工業國有組合及政黨組織的勞動階級相同，向資本家實行鬥爭。所以由今日一定經濟的政治的狀態，而發生適合於目的的鬥爭形態，未必就能够適用於其他時代的一切狀態。階級鬥爭形態，和階級支配形態相同，也有種種的變化。所以如果把「前代眞實的鬥爭形態，」嚴守爲不易原則，一到鬥爭條件完全變更之後，鬥爭方法，一定會變爲反對的戰術。鬥爭形態，跟着生產關係的變化而變化，乃是眞正的原則。

因此，依議會的决議，或輿論的影響，如報紙，演說，小册子，或歷史等，而實現階級利益的努力，據馬克斯的見解，仍舊不失爲階級鬥爭。正和那依總罷工或市街戰，奪取政治權利的一樣；也是一種階級鬥爭。至於達到目的的難易及遲速，是因那時代的關係如何而定。又爲要求條件而加入鬥爭的社會主義勞動者，自不用說就是那爲他們「身分」的所有利益，而加入鬥爭的大地主及鑛山主等，都是階級鬥爭的鬥士。保守主義者，在立法上排除勞動階級影響於政治的行爲，因擁護地方地主階級的利益，而反對普通平等選擧等，都是的確能够促進階級鬥爭的行爲。

反對社會主義的書中，往往看見有以下的記述：「階級鬥爭的表現，是依應有盡有的暴力手段，革命，暴動，市街戰爭等而實現階級利益的意味」。階級鬥爭，有時也許用到這種方法而實行，正和在議會上用討論方法的一樣。然而，那階級鬥爭，不必盡用暴力手段。所以如果自由黨或保守黨，要求「社會民主黨，必須放棄階級鬥爭理論」，那是完全不通的議論了。因爲這種要求，不外是否認古代社會，中世社會，及今日社會，都沒有階級區別及階級利益的存在，而且不承認他們用種種（階級）努力，來實現他們利益的事實。換句話說：就不外是否認歷史的事實了。依同一理由，任何人都不能夠使社會民主黨否認大地主階級，及農民階級，勞動階級等的存在。

今日提出這種幼稚要求的政治家先生們，彷彿還沒有認清：階級鬥爭是什麼東西。他們並不知道一八二一年出版的基佐(Guizot)氏著「法國的政治方法與反對黨的現狀」裏面所說的，階級鬥爭已不是一種學說或假說，乃是一種事實。所以認識階級鬥爭的主張，已變爲老生常談，那否定階級鬥爭的，眞不值一噱了。

第三章　階級與身分

一般人都沒有區別階級與身分——馬克斯當初也沒有明瞭的區別階級與身分——階級是社會的關係身分是國家的秩序——解放第三身分的條件在於廢止一切身分解放勞動階級的條件在於廢止一切階級——拉薩爾（Lassalle）叫勞動階級爲「勞動者身分」或「第四身分」——勞動階級與無產階級（Proletariat）的區別——純粹的無產階級（Lumpen Proletariat）

要求社會民主黨放棄階級鬥爭理論的人，往往有時論到「身分利益」，並且公言這「身分利益」是不刊的理論；又有時論到歷史上的「身分鬥爭」。他們因爲嫌惡「階級鬥爭」的字句，所以把「身分利益」來代表他。以爲自己的階級利益，就是「身分利益」。然則身分概念與階級概念之間，有什麼區別呢？一般人都沒有區別階級與身分。黑智爾也是同樣。黑智爾僅說明：欲望及滿足欲望的手段，漸次增加以後，在社會勞動過程中，那分業的範圍，也就會漸次的擴大；結果，生出熟練及財產的不平等；由這種不平等，又發生「身分」的區別。黑智爾以爲：這身分的表現，多半是在國家所承認的「國家身分組織」(Landstandeordnun?)意味上，附與特別政治的，（往往有時是相續的）權利的，而且有國家特別支付義務的「身分」。

馬克斯以黑智爾的見解爲出發點，所以他最初也沒有明析的區別「階級」與「身分」。馬克斯的「黑智爾法律哲學批評」裏面，雖然有他對於階級的新見解，但好像對於階級與身分之間，沒有什麼區別的一樣。他說：（麥林(Mehring)編「馬克斯恩格斯遺稿集」第一卷，第三九七頁。）

「勞動階級（或無產階級）根本上是被繫於鐵鎖的階級；是市民社會內不受階級待遇的階級；又是毫無一些身分的身分；他們的普遍苦惱，構成他們的普遍特質。他們固有的權利，都受了社會的不法侵害；所以他們不唯對於德國國家制度的諸結果，持反抗態度，即對於該制度的諸前提，也持反抗態度；因爲那制度不能附與什麼特權給他們，而且不能主張歷史的權利，只主張目前的（人類的）權利。最後，勞動階級，若不由社會一切束縛解放，就可以說，是人類全體的墮落。所以若欲回復人類原有的精神，就須解放勞動階級」。

他方，馬克斯在他的「哲學之貧困」一書中，已到處區別「階級」及「身分」。並且把兩者用爲一定社會學的意味了。馬克斯之所以區別「階級」及「身分」，完全是根據黑智爾區別「國家」及「社會」的社會學說及國家學說而來的。各階級是由社會勞動過程，尤其經濟過程發生的；最初發生的，是社會制度即是「社會的階級」，（不是國家的階級；）一階級對於他階級的關係，正和種種階級構成份子間的關係（例如工廠主對於勞動者，封建騎士財產所有者對於農夫的關係）相同。一般的觀察起來，這是社會關係，而不是國家關係。但是，國家承認：社會的階級構成，是國家的秩序，對於各階級附與特別政治的權利義務，而創造國家的「身分秩序」。所以「身分」是由階級發生的。

因此馬克斯於「哲學之貧困」裏面（一八八五年德意志版第一八一頁）有下記的說明，以著者觀之，這是很正當的：

「廢止一切階級，是勞動階級解放的條件；正和廢止一切身分，是市民秩序的第三身分解放的條件一樣。」

恩格斯又加上幾句話，說道：

「這個地方所謂『身分』，是有歷史意義的封建國家的身分，是有一定的特權的身分。有產階級的革命，把身分和他的特權都廢止了。在市民社會，只有階級的區別；所以如果叫勞動階級為「第四身分」，那完全是和歷史相矛盾的見解了」。

依同一理由，只要立脚在馬克斯的階級概念上面，當然不能說「勞動者身分」云云的話。但是拉薩爾(Lassalle)在他的「勞動者問題」("Arbeits-Programm")裏面，屢屢說及「勞動者身分」及「第四身分」。這不外是證明：他沒有充分理解馬克斯的階級鬥爭論罷了。馬克斯對於拉薩爾的這種混同，時常加以嘲笑。例如，他一八六三年一月二十八日給恩格斯的信中，(「馬克斯恩格斯書翰集」第三卷第一一五頁)關於拉薩爾的「勞動者問題」說道：

「這本書所說的話，都是把「共產黨宣言」及其他我們的論文中，屢屢說過，而且已變為陳腐的話，再三反覆的化為通俗便了。(拉薩爾君把「身分」認做是勞動階級)……」

這是何等譏笑的批評呢？馬克斯的階級概念，完全是根據歷史及經濟發展演繹而來。所以他當然不能了解拉薩爾的「勞動階級」概念（註）。再則，拉薩爾沒有論到「勞動階級」與「無產階級」的區別，這也是不對的。在該論文中，大半無意識的依所有或財產的標準，把社會階級分為有產與無產二大階級，這又是一種舊式的見解。但是馬克斯的「無產階級」概念，和「勞動階級」的概念，完全不相符合。零落的貴族，或生活困難的從前的製造業者，屬於無產階級；再則，沒有財產，而且薪俸比工資勞動者的工資還少的小官吏，及沒有一定收入的藝術家及著作家，（所謂「智識無產階級」或穿「學生服」的無產階級，）都屬於無產階級。他方，薪水很高，住在有花園的房屋裏的，或在工廠有特別地位的勞動者，都屬於勞動階級，而不屬於無產階級。

（註）馬克斯及恩格斯，雖然很明瞭的區別「身分」與「階級」，但是還有人把他誤解的。例如罕士・得爾布律克(Hans Delbrueck)教授，在他的「馬克斯的歷史哲學」論文裏面，（一九二〇年「普魯士年報」十一月號）說明：馬克斯底歷史理論的主要誤謬，在於沒有區別階級與身分，他說：

「馬克斯的第一個根本的誤謬，是把階級看做和身分同樣的東西。他不知道階級是經濟社會的區別，身分是政治社會的區別。兩者有時一致，有時分離；又有時事實上全然一致。但大概是兩樣不相同的東西。一七八九年法國的第三身分，決不是階級；第三身分，是由勞動者，農民，手工業者，商人，辯護士，醫生，著述家，及大市民等，上自最富裕的製造業者，大商業家，下迄租稅耕戶(Steuerpächter)構成的。

得爾布律克的這種見解，是自相矛盾的理論；這理論只好自己駁倒自己便了。因爲只要稍爲明白馬克斯的歷史理論的人，都能够由這論文看出：得爾布律克是完全沒有理解馬克斯的歷史理論，而且把馬克斯的概念曲解及變更的了。

可惜馬克斯及恩格斯，在他們的著作中，沒有明瞭的區別「勞動階級」與「無產階級」。他們在那時代革命的法國文獻中，應該用「勞動階級」來表示的語句，而他們却用「無產階級」來說明。

但是，他們把那已經不是原來的工資勞動者，而且不是勞動階級的構成份子，及由他階級墮落的完全無產者做爲「純粹無產階級」(lumpen Proletariat) 而與勞動階級相區別。

第四章　勞動階級的發展階段

任何階級都必須經過種種發展階段——勞動階級發生當時的階級鬥爭是地域的是個別的——勞動階級的增加與團結的感情——勞動黨組織的必要——勞動階級是社會發展的產物——「哲學之貧困」裏面所說明的勞動階級的發展過程——「對於資本的階級」及「對於勞動者本身的階級」——支配階級認識階級對立比新興階級還要早些

在經濟發展過程中，經濟的相互關係，發生種種變化，依次的推移遞進。所以各階級的特質，及階級相互關係，也跟着這種變化而變化。任何階級，都必須經過種種發展階段。例如，工業勞動階級，最初發生於近代工業國內的時候，他們並不知道他們是和其他階級，互爲對立，而追求自己固有目的的階級。馬克斯說：「勞動階級發生之後，隨卽和資本階級開始鬥爭，誠然不錯，但是勞動者發生當初，範圍極其廣泛，且因特別地域的職業的利益關係是一種散居各處的羣衆，所以對於資本家的鬥爭，也是單獨的，個別的，又是在狹小地域的團體內而實行的。再則，這些鬥爭的目的，最初，與其說是因爲什麼階級的共同要求，如打倒資產階級，及改良資本主義的弊害，毋寧說是在各地域內，要求工資的增加，及勞動條件的改善。此外，各工廠的勞動者及各營業部門的勞動者，又或一營業部分的勞動者等，都只是對於各個企業家單獨的鬥爭；至於對付企業家全體，共同鬥爭，因要求資本家承認他們的條件，利用罷工手段，或破壞企業家的生產手段，如機械，原料，貯藏品，及工廠建築物等等鬥爭，可謂絕無僅有了。

產業一天一天的發展，那勞動階級也就一天一天的增加；工廠的規模一天一天的擴大，那勞動者也就一天一天的被驅使於比較廣大的經營範圍，而集中於一定的工業地。結果，他們就互相加入更密切的勞動關係。因此，他們從前的職業對立，漸次消失，而對於企業家的對立，就漸次增大了。於是勞動者就漸次認識他們有一定的共同利益，及爲擁護這共同利益計，就必須有一定的團結。因爲他們業務上的工作種類相同，而且對於企業家有他們的共同利益，所以他們互相間遂發生一種很堅固的團結感情。這就是他們最初沒有明確認識自己的本質，及自己的地位的，半本能的「階級感情」。從前勞動者有時因為要貫徹一定要求，才互相結合；如今他們就不受地方制限，聯合近隣的同業勞動者，而實行永久的團結了。

勞動者互相結合，以對抗資本家，有時很有效果；但失敗的時候亦復不少。因此，勞動者就想奮動政府，依法律及命令等，以貫徹他們的願望。或以鬥爭手段，壓迫政府，政黨，及官廳等，以實現他們的要求。但是資產階級方面的政黨，因欲維持他們的發達生存，所以代表勞動階級提出要求，而替勞動階級謀利益，後因資產階級的政黨，為他們政黨獨特的階級利益計，就漸次和勞動階級分離，所以勞動階級，若欲貫徹他們的特別要求，就覺得有組織團體，擁護自己黨派之必要。所以他們單獨組織獨立的政治黨派，即所謂勞動黨。從前半本能的階級感情，和這種自覺，同時發展，於是他們遂發生一種意識，覺得：他們是在社會內獨一無二的勞動階級；而且有他們獨特的利益；這利益又必須他們自己和他種階級對抗，才能夠擁護的。

換句話說：勞動階級（和其他諸階級相同）必須順次經過有特別標準標識的種種階段，才能夠構成有階級意識的勞動階級。所以勞動階級就是社會發展的產物了。

馬克斯在他的「哲學之貧困」裏面，（一八八五年德意志版第一七九頁）把這種過程說得很是明瞭：

「勞動者最初常在團結形式之下，互相結合；大產業制度，常使素不相識的人類集中一處；競爭是使他們各爲其利益而分裂。但是，他們對於他們主人，有所謂工資維持的共同利益。這種利益，又使他們在同一對抗思想之下，重行結合。這就是團結。所以勞動者的團結有兩重目的：一是爲對於資本家實行全部的競爭；一是爲廢止勞動者互相間的競爭。這種對抗最初的目的，雖然不過是要維持工資，但資本家方面，也因爲要抑壓勞動者的反抗行動，而互相團結，所以那缺少後援的勞動者團體，又須和資本家團體對抗，而努力於團體的聯合了。因此，勞動者維持團體聯合的心思，反比那維持工資的心思增加幾倍了。英國經濟學者，看見勞動者犧牲他們工資的大部分，而組織勞動組合，（這種組合，大概以爲是爲維持工資而發生的，）驚異不已。這種現象，就可以證明以上的事實，是的確的了。在這種勞資雙方鬥爭——眞正的內亂——之中，那對於將來鬥爭的一切必要要素，都必定會自行結合，而且進步發展。假使這發展一旦達到這種程度後，那團結於是乎帶着政治特質的彩色了。

首先使國民羣衆變爲勞動者的，就是各種經濟的條件。因資本的支配，就使這些羣衆造出一種共同的地位及各種共同的利益。這種羣衆對於資本家已經成了一種階級。但是，對於他們本身，還不是階級。在我們所指示的數階段的鬥爭中，這些羣衆才互相結合，而構成他們自己的階級。所以他們現在所擁護的利益就變爲階級的利益了。」

我們如果參照以前說過的勞動階級發展過程，馬上就可以明白馬克斯的理論。但是，這段文字的末尾，有一種特別處所，即，「因此這種羣衆，對於資本家已經成了一種階級，但是對於他們本身還不是階級。」馬克斯的這句話，本不是這樣說的。因爲他年輕的時候，想學黑智爾的所謂「純粹存在」的表現法，所以有這種巧妙的辭句。所謂「純粹存在」，是「否定某物而承認他物的存在，又不否定某物，而承認該物自己本身的存在」的意味。馬克斯這句話，如果不用黑智爾的表現法來說，可以把他更改如下：勞動階級的階級性，已經有相當的發展時，資產階級就認定他們本質上是和自己不同的新興階級；但是，勞動階級自己還沒有意識他們的階級性，換言之，即沒有意識他們特別的地位及特別的利益，所以他們自己，還沒有組織什麼政治的黨派，擁護他們的地位及利益。

馬克斯在這幾句話裏所指示的事實如下：即已經得到支配地位的階級，比新興階級還要預先知道他們是處於和新興階級對立的地位。這是歷史所證明的事實。新興階級在發展過程中，創造漠然的變革理想，及未來要求，他們一旦達到了政治勢力的階段後，他們的要求已不是未來的而是現實的了。所以他們很快而且很銳敏的感覺到和他種階級有區別。因爲一階級如果要完全意識和其他階級的對立性，就必須自己獲得支配的地位，而且對於自己的要求，不唯理論上應該視爲正當的，即實際上亦須擁護他，遂行他，才能做到。所以法國的有產階級，也因一七八九年巴士提爾(Bastille)的襲擊而獲得支配權時，才明瞭的認識自己和小資產階級及勞動羣衆的對立了。這班有產階級，在七月議會中，準備抑壓想在街頭奪取他們的權力的諸階級，而那接着七月議會的立法時代，在「羣衆」還沒有覺醒之間，就居然建立了「新有產貴族主義」，在第一次國民議會及巴黎市會等，表示對於「羣衆」築好了保護新秩序的戰濠。此後，吉倫特(Gironde)黨得了政治勢力的時候，也是「如法泡製」的反覆同一手段。吉倫特黨也比急進的雅各賓黨(Jacobins)還要預先知道：自己和雅各賓黨是對立的。

第五章　勞動階級與社會民主黨

階級與黨——階級黨與黨員的範圍——階級的所屬與黨的所屬——階級利益與其他利益——階級的特殊性質與黨的特殊性質——選舉妥協——皋塔綱領批評的一節——勒爾達與本斯泰因的論爭——階級鬥爭的放棄

階級在一定發展階段中，首先做「黨」的組織。爲黨的要求，而後依政治手段努力鬥爭。但不能由這種事實，馬上就斷定：「階級」和「黨」是同一形成物，並不能說階級也因此消滅，而完全變爲黨。如果把國家看做是和社會相同，那黨也就是和階級相同了。

國家是市民社會的政治團體，所以如果階級想在這團體裏面，從政治上干預國家的制度，欲貫徹階級的要求，階級自身，就必須創立一種政治的組織，即黨的組織。但也不能馬上說：階級就是黨，或階級和黨的範圍及性質是一致的。因爲「階級」是由經濟發展而發生的社會形成物，反之，「黨」是有單一階級或複數階級的政治目的的組織。這組織並不包括國家組織的全階級，不過包括他的一部分能了。

因此，如果把階級看做是和黨同一的東西，又把勞動階級和社會民主黨兩名詞用爲同一意義的名詞，那就是大錯而特錯的了。（社會主義者關於黨的文獻內，往往是這麼用錯的。）因爲有這種誤謬，那黨內發生的利害關係的鬥爭，就不能從根本上去理解他了。而這種誤謬之所以層出不窮，一半是由於馬克斯及恩格斯兩人，完全沒有論過黨與階級的關係。例如社會民主黨（獨立黨，及多數派社會黨亦同，）和保守黨，或國民自由黨，同爲階級黨，他們的區別，不過前者大概是代表勞動階級的利益，而後者是代表大地主及中等地主的利益罷了。再言之，這兩黨大概代表一定階級的利益要求及權利要求，在想實現這種要求的範圍以內，就可以算做「階級黨」；但這黨決不是只代表自己的利益的黨，黨員的範圍，也並非僅限於一定階級的構成份子。這種黨對於志望入黨的人，決不一定要問他是屬於那一階級。社會民主黨也是同樣。實際的說來，只要承認該黨的原則要求及政綱等的人，都可以入黨。而這種政綱，不唯是一定經濟利益的要求，並且是包括經濟利益範圍以外，政治的及哲學的見解。本來普通黨的基礎，全在某階級的羣衆，但無論那一黨，都是一種觀念的形成物（ideologisches Gebilde）。由構造上說來就是代表特別的種種政治思想的複合物。所以有許多人的入黨，並非因爲這黨所代表的特別階級要求，是自己本身的利益，反是因爲這黨是種種思想，如政治，哲學，倫理，或宗教思想的複合物。

我們觀察德國中央黨的組織，就可以知道階級的所屬，不能完全決定黨的所屬。例如屬於這黨的大地主，農民，工業家，手工業者，官吏，宗教家，及勞動者等，是不是有同一的階級利益，及是不是由純粹的單一階級人員所構成的呢？恐怕把這些要素聚攏一起的動機，並非是同一的經濟利益，乃是同一的宗教觀念。歐洲大戰前，與地利的波蘭人，捷克人，南斯拉夫人等，所組織的許多黨，都是這樣的。換言之，由各種階級的羣衆所成立的黨，都是因對於其他「民族」的一定同盟，及對抗感情，即所謂民族思想而起的。社會民主黨的基礎，和上述的黨比較起來，還是他的範圍廣大，而且他的性質近於階級的。然而，純粹的階級黨，決不是社會主義黨。實際上，德國勞動階級的大多數，並不屬於社會民主黨，而他們的利益，反由保守黨，自由黨，及中央黨等擁護保障。這種現象，也許有人說是反乎常理，而且足以證明勞動階級的階級意識不充分。但社會民主黨，只包含勞動階級的一部分，或自由黨，及保守黨的勞動者，不能說他們不是社會民主黨黨員，就否認他是勞動階級，也是正當的。他方，製造業者，商人，農民，醫生，辯護士，及著述家等，雖然加入社會民主黨，但決不是勞動者。他們雖是黨員，但並非勞動階級構成份子。他們的階級利益，不因他們的入黨，而變爲勞動者的利益；反之，勞動階級的階級利益，現在到變爲他們的利益了。他們對於勞動階級的利益的要求，也許深表同情，有時簡直把勞動者的要求，看做比自己階級的要求，還要重要；但他們自己，依舊還不失爲他們自己階級的構成份子。他們所以加入社會民主黨，並非爲社會民主黨所代表的階級利益，是他們自己的階級利益，——除了利己的理由外，大概是這樣的，——實是因爲在當時政治狀態之下，社會民主黨的政治，法律，道德等的見解及目的，確與他們的心理相合。

因此無論那一黨——社會民主黨也是同樣，——的系統中，都包含着種種階級利益及階級要素。從階級理論上，來論黨的本質，可以說：黨是沒有一個徹底統一的。所以無論那一黨，都有傾軋和對抗。再則，同一階級的構成份子，不必常有完全一致的利益。因爲這個緣故，黨員的政治態度，也不能在同一程度內，受黨的影響。階級利益及階級動機，並非決定黨員態度的唯一的要素。今日的人類，不僅屬於一階級，大概是屬於種種階級，前已說過。他同時是國家，民族，職業，及宗教團體等的構成份子。旣是種種團體的構成份子，當然多少會受國家，民族，職業，及宗教等的利益的影響。而且這些利益，往往和階級利益相衝突，何況個人還有他特別的個人的利益呢？

此外，階級與黨，是本質上不相同的形成物。兩者都各有各的發展及作用。欲圖階級的發展，必須不斷的強硬主張那階級的特殊性質。反之，欲圖黨的發展，必須在政治上，實現黨的特殊性質。而且須常常注意增加黨員，及實行政治運動，以求貫徹這個目的。所以第一就應該努力使能夠和自己合作的人，全體入黨。如果要想利用他們，就必須替他們發見新共同戰綫的區域。但這種努力所得的結果，普通都是和下面所述的一樣。即凡由種種不同要素所結合的黨，每在那裏努力的時候，黨的內部，很容易引起利害衝突。結果，所謂社會的或經濟的要求，都丟掉不講，而在那特別事故發生，廢止經濟利益的差別以前，那一般的政治要求，——這是黨的一致的要求，——都必定會出現於黨的面前的。

因爲沒有充分理解階級與黨的關係，及階級利益與黨利益的關係，所以在社會民主黨內，隨時有「某某等，或某人侵害了階級利益，」或「某人棄却了階級鬥爭的地位」等等的責難。這種責難，有時竟加之於黨指導者的身上。例如克拉剌·澗得錦夫人，於一九〇三年北勒斯勞（Breslau）的社會民主黨大會上，對於倍伯兒（Bebel）所擁護的農業改良運動，加以駁斥說：「這是擾亂黨的階級性質的行爲」。又如李普克尼希（Liebknecht），在一八九八年司德徒嘉（Stuttgart）的黨的大會上，對於黑爾潘（A. Helfand）（帕爾波斯Parvus）和進步黨合作，參加普魯士國會選舉的選舉妥協行爲，加以非難說：「帕爾波斯參加國會選舉的問題，確是棄却階級鬥爭的地位，而援助普魯士資產階級的行動。據我個人的觀察，這種行動，簡直比海湼（Heine）的"Kanonenwort"還要危險，還要錯誤十倍。」在三級選舉制度的普魯士，如果參加該國國會的選舉，那確是侵害階級鬥爭主義的行爲。但這種原則，是當時的黨的教義，李普克尼希的意思，不過是想說明這種教義能了。

有許多人以爲：資產階級政黨全體，不過是一個反動團體；所以如果社會民主黨不想棄却階級鬥爭的地位，就絕對不能和資本政黨締結任何同盟。從這種理論推想，和資本政黨什麽選舉妥協哪，一時的議會同盟哪，……都可以認爲是違背「階級鬥爭思想」，或是不走「階級鬥爭的正道」的行動。馬克斯於一八七五年的「皋塔綱領批評」裏面，曾說過下記的話（參照「現代」「Neue Zeit」雜誌第九年度第一卷第六八頁）：

「共產黨宣言說：——「今日和有產階級對抗的一切階級中，只有無產階級是眞正的革命階級。其他階級，都日見衰敗，而且跟着大工業的暢旺，而逐漸消滅。無產階級，是大工業所孵化的固有的產物。」

封建諸侯及中等階級，都是從腐朽不堪的生產方法所發生的形成物。資產階級對於他們，可以說是革命階級（大工業的支持者）。所以封建諸侯及中間身分者，決不會和資產階級結合，而成爲反動團體。他方，勞動階級雖然成長於大工業的地盤上面，但是，他們常常努力由生產上排除資本主義的性質。所以勞動階級對於資產階級，是革命的了。但宣言又接着說：

——「中等階級，……從他們自己逐漸衰敗，而墮落於勞動階級的現象着想，可以說是革命階級。」

由這種觀察點說來，中等階級也決不會和資產階級及封建諸侯結合，而構成對於勞動階級的「唯一反動團體」了。

在這幾次的選舉，你看：誰人曾對手工業者，小手工業者，及農民等宣言說：「諸君是和資產階級及封建諸侯結合，而構成和我們對抗的『唯一反動團體』」這種話呢？

第十五年度的「現代」（Neue Zeit）雜誌裏面，有勒爾達與本斯泰因（Bernstein）兩人關於「妥協」的論爭。這種論爭，適足以表示他們不明白馬克斯以上所述的見解。勒爾達在該論文中，很熱心的而且根據生物學極力主張：他黨的什麼一致哪，戰術的承認哪，都應該把他看做是違背階級鬥爭戰術的東西。本斯泰因則不然，他正確的答復如次（參照「現代」第十五年度第一卷第五二一頁）：

「想由社會民主黨的領域，一掃妥協精神的計劃，驅使黨員，作次記兩種無意思的舉動。卽，明明是合理性的見解，而他却須根據自己的主觀意志而行動；明明是毫無危險，光明正大的事件，而他却須鬼鬼祟祟的秘密做作。如果全世界都承認：妥協是放棄我們的主義的行動，是否認階級鬥爭的證據，那末，誰又想在這裏目空一切的做一個妥協主義者呢？

實際的說來，妥協並不是這樣的。正和妥協自己，不是使人樂聽的東西一樣。妥協，是看什麼時候，才可以判斷他是否正當的。所以縱然我們把妥協看做是正當行爲，而且能够立下一條關於妥協條件的法律，但我們如果對於妥協這樣那樣的下一種一般的批評，也是沒有什麼意思的。然則，妥協的標準是什麼呢？——就是因妥協而獲得希望的利益，所欲達到的目的，及對於本黨的反作用的關係等等便是」。

然則，所謂「放棄階級鬥爭的地位，」是什麼呢？即社會民主黨棄却所謂階級的要求，（即是在經濟過程中，棄却出勞動階級的特殊地位所發生的要求）而傾向資本政黨，並且為遂行這種要求，决不和一資本政黨一時的妥協，以對付其他資本政黨時，就可說是放棄却階級鬥爭的地位了。

社會民主黨往往要求貫徹其提議的一部分，而犧牲他一部分，這也不能叫做放棄階級鬥爭的地位。

再則，德國社會民主黨所主張的各種方針，並非個個都是違背階級鬥爭主義的。例如，他們參加資本政黨間的再投票，參加議會的决議，贊成社會政策的法律，締結選舉同盟，投票國會的預算案，及承認戰時公債等，都不能算爲背反階級理論的行動。

越是不充分理解階級概念的人，越發喜歡用「放棄階級鬥爭地位」的話來駡人；其實，他說這話，適足以表示他沒有區別勞動階級和社會民主黨的概念罷了。

第六章　階級利益與階級的觀念形態(Ideologie)

馬克斯在「經濟學批評」序文上所發表的理論——觀念形態的階級性是怎樣發生的呢？——他的證明——道德倫理上的階級性——法律及司法上的階級性

馬克斯的階級概念，與他的社會概念，關係極爲密切。而他的階級觀，是一種特別的「觀念的」複合物。所以與他的歷史觀有密切的關係；更正確的說：即與他的歷史因果理論有密切的關係。馬克斯在他的「經濟學批評」序言中，說明這種理論。他說：『人類爲維持其生活計，因社會的生產而取得生活資料時，常與人類意識獨立，非個本人意的，加入那特定的，必然的諸關係。這些「生產關係的總和」，就構成社會的「經濟的構造」，即構成社會的生活基礎。而一定的，法律的，政治的，上層建築(Uberbau)，是立於這種社會的生活基礎上面的。和那社會的生活基礎對應的，是一定的社會的意識形態，(即一定的觀念形態(Ideologie)，)換句話說：人類在社會上，因如何獲得他的必要生活手段的方法及形式，可以決定他的思考方法及觀念內容(Ideengehalt)」。但所謂階級，是社會內部的特別段階，他的發展，是橫的，不是縱的。即階級並不是把「生產關係的總和」包含於狹窄的領域裏面；反是生產關係總和的一部分，或是一定的範疇。所以階級在社會生產組織的內部，有一種特別地位。又有他自己特別的「階級利益」，及特別的「階級環境」

。而且「階級和社會全體的差異，」自然會影響於解釋方法及思考方法的差異，即影響於觀念形態(Ideology)的差異了。

茲為解釋上述原則計，特引用一例如下：

工廠主，購買工廠勞動者的勞動力，並把他（勞動力）用於自己的營業上；他方，工廠勞動者賣却他的勞動力，任工廠主使用。於是工廠主對於勞動者，是立於支付工資的地位，勞動者是立於受領工資的地位。再則，工廠主是資本家；因為他供給生產手段，（如工廠建築物，機械，器具，原料，及補助材料等，）而且勞動生產物，也是歸他所有。反之，工廠勞動者，是依他人的生產手段而勞動，對於生產物，沒有要求分配的權利。只有要求資本家支付工資的權利。此外，工廠主不唯利用自己的資本，並且借用他人的企錢的時候、他就是債務者，而且是利息支付者了。如果他販賣商品，而不即時收回代價，他就是販賣者，同時又是債權者了。如果他對於已賣的商品發出滙票，付給買客，他就是滙票的發行人。又如果他使購買商品的人，受領這種滙票，他就是受領滙票的所有者。他或者把滙票存放各銀行，各銀行又或者對這種滙票要打折扣等。這些關係，和勞動者全不相關，而且不屬於他的經濟的交互關係。最後，如果工廠主把他的工廠建築物，作爲抵押品，而實行登記之後，他就是抵押債務者。又如果他爲勞動者建築工廠住宅，而借給勞動者，他就是房東，同時又是出租人。

此外，還有各種可能的經濟交互關係，——馬克斯把他們總括於「生產關係」一名詞裏面，——都是毋須乎枚舉，而且不能够枚舉的。此處所舉的例，只要能夠說明這些關係如何的複雜，及這些關係如何的用特別方法，把各階級的成員結合於社會經濟的全過程中，就算滿足了。而這些種種結合，和種種生活範圍及觀念範圍，種種印象，觀察，及解釋，（即種種精神現象）是互相對應的。所以各階級在經濟全體上，都各有各的特別階級利益，階級環境，及階級意識。即「階級的觀念形態」。我們學過光學後，知道所謂反射角，是因投射角而決定的。馬克斯在他的"Achtzehnten Brumaire"（第四版第三四頁）上說得很是明確：

「各種特別的感情，想像，思考方法，及人生觀等的上層建築，都是建立於所有（財產）的種種形態上面，或社會生存條件的上面。社會上一切階級，都是由他們的物質基礎及和物質基礎對應的社會關係，創造這些上層建築。社會上的個人，受傳統及教育的感化，必定把這些上層建築，作爲他行爲唯一的動機及肇端。」

反對馬克斯主義的著作中，往往主張說：「馬克斯以爲：階級構成份子，是以一定計畫，任意創造他們的倫理，以便和他階級開始鬥爭。」這種主張的誤謬，參看上文，馬上就能明白的。馬克斯無論在什麼地方，都沒有說過這種話。對於倫理問題，各階級之所以各有各的解釋，正和他們在政治上法律上的見解差異的一樣。都不外是在社會經濟生活過程中，階段不同，地位互異的自然的結果。任何階級，（不是階級構成份子）都以爲自己的階級道德，是自然的，是合乎目的的，而且是正當的。所以他們總以爲自己的階級利益，不是什麼特別的階級利益，乃是社會全體或人類全體的普遍利益。馬克斯在他的"Achtzehnten Brumaire"裏面，所說關於法國小市民階級的話，也可以通用於其他階級。現在把他引用如下：

「我們切不可把小市民階級，當做是原則上欲完成某種利己的階級利益的人民。我們寧可相信以下的事實：他們是以解放自己階級的特別條件，爲普遍的條件，以爲：要在這種條件範圍以內，才能匡救現代社會，消滅階級鬥爭。我們又不可把這些民主主義的代議士全體，當做是商店主或是熱心職務的人。如果單就他們的教育及個人的地位上說來，他們都是能够完全互相分離的。總之，他們各人，都不能超越實際生活，所以他們的思想，也不能超越實際生活的限界。再則，他們實際上，受物質利益及社會狀態的逼迫，所以理論上也不得不受生活問題及解決生活問題的逼迫。這些事情，都是使他們代表小市民階級的動機。」

馬克斯主義者，往往主張階級的法律及階級的司法。所以有人駁斥他們，說他們毀謗裁判官的公平無私，而且使裁判官任意的曲解現行法，爲反乎階級利益。這也是錯誤的批評。實在說來「階級的司法」這個名詞，並不曾含有什麼毀謗裁判官任意的錯解了法律及判决。但是，因爲裁判官不大注意那錯解了的法律，所以往往有「任意的」袒護自己階級構成分子的事實。然而，馬克斯主義者所主張的階級的司法，並非這種法律曲解的意味。退一步說，縱然裁判官們都是偏枯失當，袒護他們自己的階級，那「階級的司法」的名詞，仍舊不失爲正當的。因爲，第一，現代國家的法律本身，已有階級的分別，依階級的對抗，而有社會的客觀規定；並且又是社會發展的產物；第二，內閣及議會的最後決定權，不是被支配階級，乃是支配階級。因此，那法律也當然是支配階級的法律了。

現代的法律，於相當程度內有時也顧及社會全體關係，及下層階級的勢力。但是，如果單只實現支配階級的法律解釋及法律要求，那末，法律組織全體，都變了擁護支配階級利益及要求，而攻擊下層階級的要具了。所以今日的法律，是爲支配階級而制定的法律。引申之：是爲保障支配階級的支配而制定的法律。加之，裁判官大概都受自己所屬階級觀念範圍的影響，有時簡直把現在的法律關係，看做是社會生活所產生的當然關係。因此，裁判官大概都變了

「階級祖護人」。而這種「階級祖護性」之外，又加上法律職業上的偏祖性，或法律專門上的偏祖性，（這些偏頗性，都是由國家法律組織的保守性質所生成的結果），你說裁判官的保守性質，是多還是少呢？

這種保守性質，一遇着由社會發展過程，從新發生的法律關係及法律觀，馬上就把他化爲神聖的；如果這些新法律關係，稍爲被社會承認或採用時，那保守性質就公然的擁護他們了。（註）

（註）若欲澈底的更詳細的研究「經濟學批評」序說，可參考本叢書第一種「馬克斯的經濟概念」第一章第四頁以下。

第七章　馬克斯階級鬬爭理論的批評

在社會哲學的文獻中馬克斯的階級鬥爭理論當然會碰着許多攻擊——但那些攻擊多半是自相矛盾的理論——馬沙里克(Masaryk)教授的攻擊——對於馬沙里克的駁論——馬沙里克教授的謬論——階級鬥爭決不是社會生活的唯一要素——階級鬥爭是社會發展上最重要的要素——一般的社會利益與階級的利害關係——杜干・巴剌諾威斯基(Tugan-Baranowsky)的見解——對於巴剌諾威斯基的駁論——阿德拉(Max Adler)的見解——對於阿德德拉的駁論

在社會哲學的文獻中，尤其那文獻的觀察，不出乎個人與社會的對立，而且文獻的倫理全部，以那對立爲基礎的時候，馬克斯的階級鬥爭理論，當然會遭逢許多的攻擊。但最可笑的那些攻擊，多半是自相矛盾的理論。例如，有人雖然說：「馬克斯豫想社會發展的結果，可以達到階級的廢止時期」。但這種議論，是不能够維持長久的。因爲階級區別，是根據各個人的天分及能力——所謂自然的區別，——而來的。因爲有這天分及能力的區別，所以社會內部，必然的非構成各種階級不可。又有人說：社會上沒有什麼階級，也沒有什麼階級利益。」但在社會內部，事實上各構成份子，都有他的特別利益。那利益完全一致的人，誰也找不出幾個。

馬克斯的階級概念的特殊性，在他一方面．也遭人誤解。以爲階級就是根據從前的財產爲基礎。其實，馬克斯所主張的階級，只有有產階級與無產階級兩種。但有人就不憚煩勞的，主張：財產的大小及樣式，也有社會的意義；所以有產階級，又可細分爲大，中，小等各階級，不是那麼單純的，這豈不是滑稽已極的議論嗎？提出這種幼稚抗議的人，是從前捷克(Czech)大學教授如今捷克的大統領馬沙里克先生。(T. G. Masaryk)馬沙里克先生著的「馬克斯主義哲學的及社會學的基礎」裏面，所批評的幾乎沒有一頁不是證明他連馬克斯社會學說的根本概念都不能理解。他簡單說明馬克斯只區別有產與無產兩階級以後，很傲慢的說：

「有產階級及市民階級，決非單純的階級；這些階級裏面，實際上，還存着利益，階級，及小階級的種種階段。並且這種利益，也是多種多樣，不能劃一。但我們不能把無職者資本家，農民及地主等，相提並論。馬克斯及恩格斯，爲什麼把軍國主義及他的意義忘却了呢？這是完全不可解的一回事。這樣，眞正現實的歷史觀，即學者所承認的君主制，與教政之社會的及政治的意義，都變爲自明的道理了。」

我想：如果馬沙里克教授再稍爲詳細的研究一下，他就一定會發見以下的事實：即第一，馬克斯區別三種主要階級，又把這三種階級細分爲種種小階級；第二，馬克斯到處都論到階級組織的中間階級及過渡階級（例如，「資本論」第三卷第二部第四二一頁）；第三，據馬克斯的見解：階級利益之外，尙有共同團體的利益及個人的利益；例如，「資本論」第三卷第五十二章，說明社會上階級組織時，曾有「社會的分業，使勞動者資本家及地主間的利益及地位，無限的分裂」的名句。

據馬克斯的見解：社會上，第一就有依各個人的地位而決定的個人利益；其次，有階級利益（階級共同狀態的利益）；此外，又有其他各種共同狀態的利益，如國家利益，民族利益，職業利益，共同團體利益，部族利益，宗教利益等等。這些利益，互相補足，互相牽制，甚且互相影響，實現於社會生活裏面，而決定那時代的歷史特徵。社會生活的形態，與其說是單只一種階級的結果，毋寧說是種種利益的總和，或交互作用的結果。但在一定時代中，其中的某種利益，常支配其他種種利益，（卽一階級常支配其他諸階級）自不用說。

馬沙里克教授，對於上述諸現象，毫不了解，反大言不慚的主張說：「馬克斯完全不知道：今日經濟生活中，各個利益鬥爭的意義，即不明白今日的所謂競爭。所以他當然不能理解這些各個利益的鬥爭與階級鬥爭的關係。」這是何等挖苦刻薄！既然如此，他的理論也不能不陷於誤謬了。他說：

『如果我們把達爾文(Dorwin)的生存競爭，看做是經濟競爭，那羣衆的階級鬥爭，自然不能說是個人競爭，毫無疑義。我曾聽人說：「馬克斯最初總是說：競爭毫不影響於貨財的經濟的評價；」但是，到了後來，他的主張變了。認定競爭是構成價值的要素，（原動力）若此，他的最初的階級鬥爭理論，也當然變更了。我們既然考察階級鬥爭，那我們就不得不起一種疑問：「我們是否應該把階級鬥爭，看做是繼續不斷的東西？」馬克斯反對普魯東（Prondhon）的著作中，他主張：鬥爭是歷史上一般的原動力。到了後來，他又和恩格斯主張：階級鬥爭，是和文明同時發生，在共產主義的社會，再行終熄的。那末，我們難道應該主張：階級鬥爭，是有時發生的，又是歷史上一時的現象，而那各個利益的鬥爭（達爾文的），是一般的，而且是歷史上繼續不斷的嗎？

據馬克斯的見解，階級鬥爭，決不是社會生活的唯一要素。他的主張，是說：社會上的利益，是無限分裂的。所以利益的對立及鬥爭，到是繼續不斷（無限）的。共產黨宣言中，「從前一切社會的歷史，是階級鬥爭的歷史。」這句話，不是說：從前歷史上沒有教會，共同團體，職業，及家族等的鬥爭，乃是說：階級鬥爭，在從前社會歷史的發展中，占最重要的位置，而且對於政治，有深刻的影響。據馬克斯說：社會內的利益鬥爭，決不能算爲純粹的階級鬥爭。他並不像馬沙里克一樣，把在歷史上占重要位置的階級鬥爭，丟開不講，而且不嚴密區別各種階級鬥爭，單只籠統的總括於「利益鬥爭」或「社會鬥爭」這種概念之下，以圖敷衍了事的。我們如果懂了馬克斯所說：「歷史構造上的社會生活」，就必須把鬥爭的種種態樣，根據他的起源及內容，並根據他的動機，嚴格的區別出來。

從前的社會學說，只認個人對於社會的對立，所以主張：社會鬥爭，是個人和社會間的衝突，或是個人意思對於社會意思，即所謂「一般意思」的反抗。而馬克斯的階級鬥爭理論，在於打破這種舊見解，力說階級鬥爭是社會發展最重要的因素。馬克斯的階級鬥爭理論之所以見重於世，就是這一點。據馬克斯的社會學說：從前的社會哲學所讚美的那種「一般意思」，完全是紙上空文。因爲社會不是利益完全一致的單一體，是分裂爲各種階級的複合體。所謂一般社會的利益，當然是有的。因爲社會共同生活及共同動作，非有一定秩序不行。一切社會的構成份子，只要他們一般的不否認社會狀態，對於這種秩序的維持，當然有利害關係。然而，他們在社會秩序內，因種種地位不同，而有種種相異的理想，所以他們對於各種秩序規則，就沒有同一的利害關係了。他們用階級的眼光，由種種見地，來觀察這種秩序規則。換句話說：社會上雖有一般社會的利益，但對於種種階級，就不能無區別，而且不能無意義上的區別了。

一般社會的利益，簡直可以看做是最單純的社會秩序規則。例如，任何人都能隨意殺人，那種社會共同動作，的確是不能够實現。所以凡是社會構成份子，對於殺人的預防，都有同樣的利害關係。但是，如階級對於殺人的各種狀態，及預防殺人的標準，都各有各的判斷。例如，對於因決鬥而殺人的事件，勞動階級及小有產階級的判斷，與那騎士財產所有者的判斷，當然是不能一致的。又如，因受官長虐待而殺人的兵士的行爲，又或工廠主鎗殺破壞機械的罷工勞動者的行爲，也因階級不同，而異其判斷。再則，對於這種殺人的預防，有什麼標準？以及這種殺人，應如何懲辦等各種問題，各階級的意見，越發大相逕庭了。

馬克斯的批評家，往往不能理解他的社會學說全體，又不能充分參透：那一般社會的利益，是因階級不同，而其解釋及判斷標準亦異的理論，所以引出許多奇怪的解釋。例如杜干．巴剌諾威斯基(Tugan-Baranowsky)教授，在他著的「馬克斯主義理論的根據」裏面(第一一四頁)斥指馬克斯誤解了資本主義社會的階級利益連帶性，他說：

「如果國家的政治獨立，對於社會一切階級，有一種觀念的價值，那社會一切階級，對於擁護國家政治的獨立，當然有同樣的利害關係。在經濟的領域內，國家不唯能夠樹立階級的支配，而且能夠促進經濟的發展，及增加國富的總額，(這都是有益於社會一切階級的行爲。）這些作用，和國家的文化使命，是互相交錯的，加之，國家政治的權力和經濟的勢力，是促進文化的重要動因。所以國家對於文化的進步，及提高人民精神的標準，有直接的利害關係。」

但對於前段所述論文，第一，馬克斯並沒有爭論什麽社會內的階級利益連帶性；第二，巴刺諾威斯基教授，把社會利益和國家利益，混做一起；所以他的見解，不用說是錯誤的了，他所指出來的利益，是國家利益，即如那主張迅速徹去階級國家的馬克斯主義者，也決不否認：勞動階級，對於國家施設，國家經濟政策，及國家文化事業，有廣大利益的事實。如果不是這樣，他們爲什麽會對於現代不完全的國家施設，要求改弦更張呢？

最後，對於馬克斯階級鬥爭理論的批評中，發見一種奇妙的見解。這見解的倡導者，並不是反馬克斯主義者，乃是馬克斯主義的康德主義者阿德拉（Max Adler）氏。阿德拉在他的「馬克斯學說之社會的意義」（此論文編存於格林堡（Gruenberg）的「社會主義史及勞動運動文庫」第四年輯中）的論文上，發表這種意見。他的議論，以康德（Kant）的「社會的相反」理想爲出發點。所謂「社會的相反」，是指人類在社會生活內，爲社會構成份子時，一方有社會的性質，他方有個人的性質，即本能上是相反的意思。由這種理想出發，就發生互相鬥爭的「非社會的」性質，無「社會的」性質。這些性質，刺戟人類的「名譽欲望，支配欲望，及財產欲望」，促進人類的發展。阿德拉在這「非社會的社會性」裏面，——不是在各種經濟交互關係，及由這關係發生的利益對立裏面，——發見階級鬥爭的根本原因。所以他在康德的本能說裏面，好像發見了馬克斯階級鬥爭理論的天才豫斷一樣。

阿德拉根據康德的見解，簡單的結論說：「人類最初的社會結合，卽有不調和的相反的性質。」又說：「人類組織社會之後，幾無日不在「融和」與「不和」的正反對的對立中，掙扎努力。」又接着說道：

「康德所主張的「社會結合化」（組織），足以證明他的思考的天才。他以一種社會生活組織的思想，作黑智爾及馬克斯歷史辯證法的先導。所謂「社會結合化」，是人類的「非社會的社會性」，卽是想參加社會生活的性質。這性質仍舊是和那「普遍的反抗」（即不斷的想由社會分離的性質）結合一處的。

所以人類社會，不外是各種利益羣衆鬥爭的存在形態。這互相對立利益，在變爲階級對立以前，那階級鬥爭，就是社會的存在方法。而所謂階級對立，是：人類的利益，確立於經濟的存在形式裏面的意味。例如，人類有資本家的權利，而命令勞動者，或有地主的資格，而不許市民利用他的土地，以及都會人和農夫的對立等，都可說是階級的對立。」

據以上所述，阿德拉氏把階級鬥爭原因，不歸納於由歷史的經濟過程發生的利益對立，而歸納於人類的本能，實在是偉大的進步，極可佩服的！但是，社會在「融和」及「不和」裏面，不斷的掙扎，到幾時才終止呢？社會的基礎，在於社會的生產，借馬克斯的話來說：是在於物質生活的生產。社會就是依賴這種生產，即依賴這種新陳代謝的生活過程以供給維持生活手段的活動，才能夠長久生存。（參照本叢書第一種「馬克斯的經濟概念」第一章第三段）這種活動，是社會生活建設的重要要素，而不是所謂「非社會的社會性」。不錯！任何社會，即如原始社會，都有所謂「融和」與「不和」；但這並非因爲社會構成份子「互相分離」，對於社會組織實行革命，（在比較幼稚的發展階段中，個人完全被共同狀態吸收。）實是因爲原始社會，已不是康德所主張的完全單一的狀態，而分裂爲種種共同狀態，（不是階級）如遊牧共同狀態，血族團體（Genossenschaft），家族團體及村落等，而這些共同狀態，因生產過程歷史所生成的形態，及在這過程上的地位不同，他們的經濟生活利益，也當然會不同了。

因此，如果阿德拉主張：「人類社會，除了階級利益的鬥爭外，沒有什麼存在形態，階級鬥爭是人類社會的存在方法」，那不過是概念的混同罷了。據馬克斯的見解：社會存在形態，依社會的經濟形態而決定。因此，所謂一定的社會，我們可以把他叫做「一定生產的組織形態」。階級鬥爭，在這種社會形態裏面，（原始共產社會，前期資本主義社會及封建社會亦同，）不外是由一定歷史的經濟關係所發生的利益鬥爭。這種鬥爭，要在一定發展階段才能發生，而且和那人類的社會結合化（組織）及孤立（有名無實的永久傾向）間的對立，是毫無關係的。例如，在原始社會內，雖然本能

的作用很烈，然而和全然沒有階級鬥爭的一樣。總之，沒有發生階級的社會，當然沒有階級鬥爭，這是最明白的事情，